MICHELIN

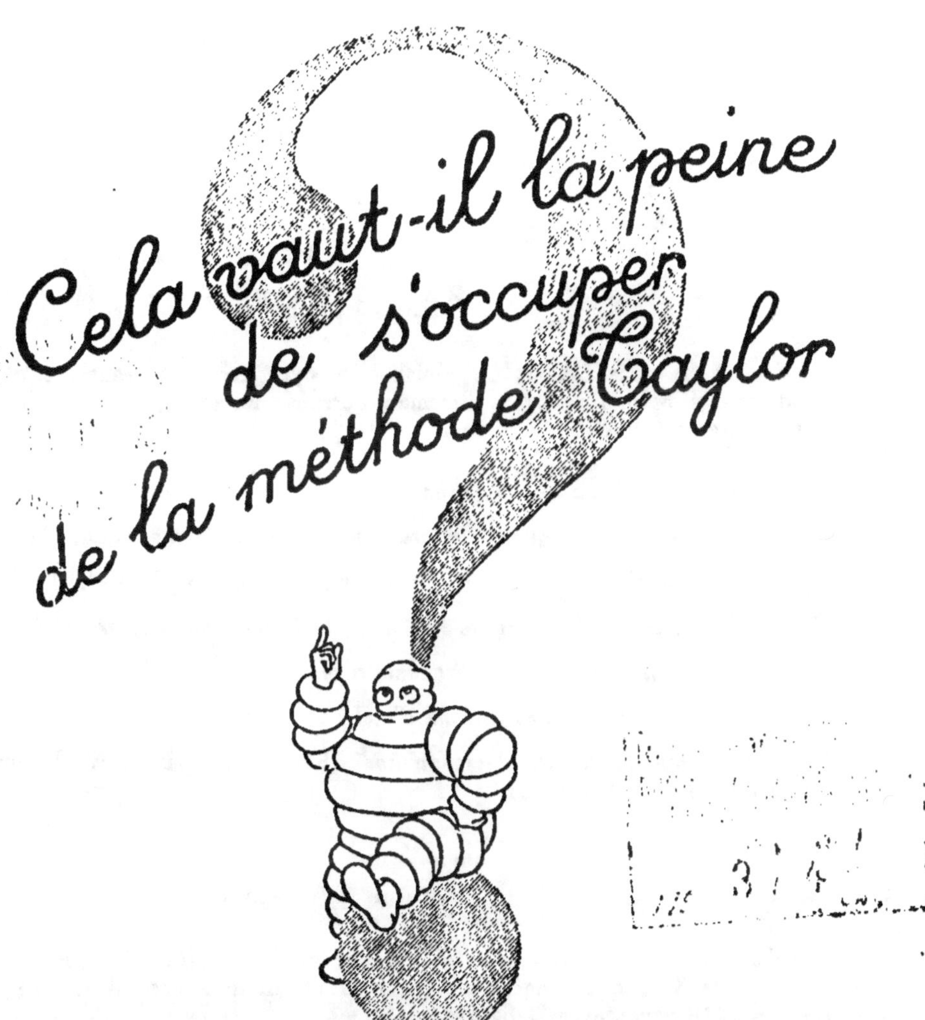

Pour recevoir, gratis et franco, un exemplaire de cette brochure,
la demander à :

MICHELIN et Cⁱᵉ, Clermont-Ferrand

Compte Chèques postaux n° 670

Pour recevoir	10	exemplaires franco, envoyer	3 f. 50
———	20	———	7 f.
———	50	———	14 f. 50
———	100	———	27 f.

1927

BIBLIOGRAPHIE

Éditions Michelin

Nous nous faisons un plaisir d'envoyer gratis et franco, sur demande adressée à Michelin & Cⁱᵉ, Clermont-Ferrand, un exemplaire de chacune des brochures suivantes :

Prospérité, ou Sum et François.

Comment nous avons taylorisé notre atelier de mécanique d'entretien.

Le Succès (causerie à de jeunes ingénieurs, par F. W. Taylor).

Cela vaut-il la peine de s'occuper de la méthode Taylor?

Notions pratiques de chronométrage.

La préparation des travaux d'atelier.

Ce que Taylor dit de sa méthode (Exposé fait par F. W. Taylor devant une commission d'enquête).

Éditions diverses

Principes d'organisation scientifique, par F. W. Taylor. Traduction française de J. Royer, Ingénieur des Arts et Manufactures, In-8° 16 × 25 de 118 pages, avec 11 figures.

La direction des ateliers. Etude suivie d'un mémoire sur l'emploi des courroies et d'une note sur l'utilisation des Ingénieurs diplômés, par F. W. Taylor.

Publications posthumes, de F. Winslow Taylor. Traduction de M. F. Schwers, In-4° 22 × 27 de 37 pages.

Etude des mouvements. — Méthode d'accroissement de la capacité productive d'un ouvrier, par F. B. Gilbreth, In-8° 13 × 21 de 114 pages, avec 44 figures.

En vente à la Librairie DUNOD, 92, rue Bonaparte, PARIS (VIᵉ)

CELA VAUT-IL LA PEINE
DE S'OCCUPER DE LA MÉTHODE TAYLOR ?

Les ouvriers veulent une grosse paie.

— Mettez-vous à leur place ? Ils n'ont pas tort, car le taudis est une chose affreuse, le meublé est pire encore ; quoi de plus dur pour un homme marié que d'être dans l'impossibilité de soigner sa femme malade ou d'élever ses enfants ?

Les patrons veulent un prix de main-d'œuvre bas.

— Mettez-vous à leur place ? Ils n'ont pas tort, car il leur faut ce prix bas pour obtenir des commandes. Ils savent très bien que plus le prix sera bas, plus ils auront de commandes. Or, c'est l'abondance des commandes qui crée la prospérité d'une maison et c'est leur rareté qui, d'abord engendre le travail à perte, puis le déficit et la faillite.

Ainsi, les uns veulent toucher plus, les autres veulent verser moins. Comment sortir de cette contradiction ? On ne peut pas satisfaire à la fois l'ouvrier et le patron. Une seule solution semble à première vue possible : la bataille, le vainqueur imposant ses conditions.

Si un homme survient et dit : « J'ai une solution pour cette question », de deux choses l'une : ou c'est un fou, ou c'est un grand homme.

Taylor est venu dire : « J'ai une solution. »

Est-ce un fou ? Est-ce un grand homme ?

L'importance de la question justifie l'étude de cet homme et de sa méthode.

D'abord, qu'est-ce que Taylor ?

Placé dans une école d'ingénieurs par ses parents, il y travaille comme un nègre, même la nuit, à la lueur d'une bougie. Il s'abîme la vue et doit quitter l'école, toute lecture lui étant interdite.

Mais il avait appris et compris ce qu'est la science. Personne n'a jamais été mieux persuadé qu'une cause a toujours les mêmes effets et que, placé dans les mêmes conditions d'expérience, on obtient toujours les mêmes résultats.

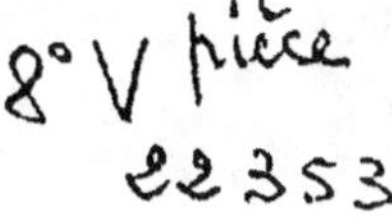

C'est sur cette conviction profonde que Taylor a basé sa vie, c'est sur elle aussi qu'il a basé sa méthode.

Taylor était désespéré de la décision des médecins. Au moment précis où la science s'ouvrait devant lui, il était privé de toute possibilité de travail intellectuel.

Des amis de la famille, propriétaires d'une usine de mécanique, lui offrent de venir travailler comme ouvrier dans leurs ateliers. Il accepte.

Il se trouve tout de suite dans l'usine comme un poisson dans l'eau, posant sans cesse des questions, cherchant à tout savoir, très bien avec les ouvriers qu'il intéresse par son adresse, son esprit et par ses questions inlassables.

Il s'imbibe de leur expérience ; il tire d'eux tout ce qu'ils savent et s'aperçoit enfin, que chez plusieurs de ces hommes, occupés cependant à des travaux manuels, l'intelligence est vive et le bon sens remarquable.

Il en trouve, disait-il plus tard, de plus intelligents que lui.

Il se lie avec eux. Il noue des amitiés et, trente ans après, plusieurs de ces anciens ouvriers montraient sa photographie dans l'album relié en peluche, à la vieille mode, qui contenait leurs portraits de famille.

*
* *

Au bout de deux ans, sa vue était redevenue normale, mais il ne voulut pas quitter l'industrie et ce fut le soir qu'il reprit ses études scientifiques.

A l'usine, il accepte tous les travaux ; peu lui importe qu'ils soient ennuyeux ou difficiles. Il s'offre comme volontaire, pendant six mois de suite, pour les travaux du dimanche, ces travaux de réparations où l'on observe et apprend tant de choses, où l'on constate de ses yeux et de ses mains les avaries des machines, leurs causes et leurs remèdes.

Ainsi, après avoir pris à l'école les principes de la science, Taylor recueillait dans l'usine les fruits de l'expérience et de l'observation.

*
* *

Un jour, les chefs de l'Usine l'appelèrent et lui dirent :

— Dites donc, Fred, vous connaissez bien les tours ? Peuvent-ils produire plus ?

— Oui.

— Eh bien! nous avons besoin qu'ils produisent plus et nous vous nommons contremaître. Prenez les mesures nécessaires ; il faut qu'ils produisent davantage.

Là-dessus, Taylor alla trouver les ouvriers.

— Alors, vous voilà contremaître, Fred. Bravo! C'est très bien!

— Merci.

— Eh bien ! j'espère que vous n'allez pas changer notre quantité aux primes.

— Si.

— Eh bien ! Fred, si vous faites cela, vous êtes un sacré c... (damned hog).

Et voilà Taylor en face de la terrible difficulté que nous constations tout à l'heure.

Mais Taylor avait trois choses pour lui :

D'abord il était l'ami des patrons et il était l'ami des ouvriers. S'il comprenait, pour les uns, la nécessité de produire plus, il comprenait, pour les autres, la volonté de gagner plus — et il voulut donner satisfaction à la fois aux patrons et aux ouvriers.

Ensuite, c'était une volonté énergique. Il ne se mit pas à se plaindre, à grogner, gémir et pleurer sur l'impossibilité de la tâche qu'on lui imposait. Non, volontairement et délibérément, il se dit : « Je veux que les tours rendent plus et je veux savoir ce qu'un ouvrier peut raisonnablement produire en un jour; s'il fait cette tâche raisonnable, je veux le payer davantage. »

Enfin, c'était un fervent de l'esprit scientifique. Il ne se mit pas à raisonner *à priori*, il refusa de se faire une opinion avant d'avoir étudié la question sur place, il observa, il essaya, il accumula les expériences et les mesures, il voulut des faits.

*
**

La recherche des faits.

Cette étude des faits dura trois ans ; au bout de ces trois ans, Taylor voyait clairement la question.

Il constata un gaspillage considérable de ce temps si précieux que l'ouvrier vend pour gagner sa vie et que le patron achète si cher. Il vit que ce gaspillage provenait aussi bien de la flânerie de l'ouvrier que du manque d'organisation du patron.

Pendant que patrons et ouvriers se disputaient pour une petite augmentation ou diminution de paie, des sommes doubles au moins, quelquefois triples, quadruples et même quintuples s'en allaient en gaspillages.

Alors, se tournant vers les ouvriers, il put leur dire :

« Vous gagnez 10 francs ; je vais vous en faire gagner 13, 14 et même 15, suivant votre valeur. Je ne vous demanderai pas plus de temps de présence, ni plus de fatigue ; je vous demanderai seulement de ne pas flâner et de mettre votre bonne volonté à produire le plus possible. »

Se tournant ensuite vers les patrons, il leur dit :

« Ne marchandez pas à l'ouvrier ce supplément de paie. S'il est excellent, il doit avoir une paie excellente. S'il est bon, il doit en avoir une bonne. S'il est médiocre, cherchez-lui un poste mieux adapté à ses facultés.

» Mais, si je demande à l'ouvrier et si j'obtiens de lui de ne pas flâner, je vous demande, à vous, de ne pas gaspiller le temps de vos ouvriers. Etudiez l'emploi de ce temps, ne le laissez pas perdre, faites la guerre à tous les gaspillages, à tous les temps perdus, à toutes les fausses manœuvres, à tous les mouvements inutiles. Si vous agissez ainsi, vous allez récupérer des pertes de temps si considérables que vous pourrez, après avoir augmenté la paie, comme je l'ai promis, donner un supplément de salaire aux ingénieurs, baisser vos prix de vente et augmenter vos bénéfices.

» Vous vous battez avec vos ouvriers pour la possession d'un méchant lopin de terre, alors que de vastes terres en friche sont derrière vous. Unissez-vous pour les cultiver. »

*
* *

Maintenant que nous avons vu quelle était la solution Taylor, entrons un peu dans le détail. Nous la comprendrons mieux.

Nous avons dit que Taylor avait été récolter des faits. Marchons derrière lui et examinons cette récolte.

En regardant ses tours en marche, avec l'idée bien arrêtée d'obtenir d'eux une production plus forte, Taylor en vit un qui était arrêté ; l'ouvrier était absent.

M. de Lapalisse n'hésiterait pas à dire « qu'un tour qui ne tourne pas ne produit rien ».

Quel était le motif de cet arrêt ?

Le chronométrage des arrêts du tour.

Un autre se fût contenté de faire la remarque et n'en eût tiré aucune conséquence pratique. Un autre eût puni simplement l'ouvrier pour une absence trop longue ou injustifiée. Taylor fit mieux : il décida que ses tours ne s'arrêteraient pas et, pour y arriver, il dressa la liste des arrêts, la liste des absences des ouvriers, prit leur durée et nota les motifs.

Premier motif d'arrêt : l'ouvrier allait rendre la pièce finie et chercher une nouvelle pièce à tourner.

Taylor décide que l'ouvrier ne quittera pas sa machine puisque, de toute évidence, un tour qui n'a pas de tourneur ne peut pas tourner. Il charge un manœuvre, sans connaissances techniques, mais ordonné et consciencieux, d'emporter les pièces finies et d'aller chercher les pièces à tourner; si les pièces sont lourdes, un ou deux aides lui prêteront la main.

En outre, pour éviter la perte de temps due à l'attente de la nouvelle pièce à tourner, il décide que le manœuvre ira la chercher d'avance et la mettra en bonne place auprès du tour avant que la pièce en travail soit finie.

Deuxième motif d'arrêt : le tourneur quittait son tour pour aller forger et tremper l'outil à l'aide duquel le tour attaquait le métal. Quand cet outil avait perdu son tranchant, le tourneur se dérangeait à nouveau pour aller l'affûter.

Pour l'éviter, Taylor crée (à côté et indépendamment de l'atelier des tours) un atelier d'outillage chargé de la forge, de la trempe et de l'affûtage des outils. Pour épargner tout dérangement à l'ouvrier, il décide que les outils seront apportés au tourneur, lequel, en outre, aura toujours d'avance deux outils de chaque type dans son armoire.

Troisième motif d'arrêt : la courroie d'entraînement du tour s'allongeait sous l'effort; au bout d'un certain temps, elle glissait et tombait.

Taylor décide qu'une équipe spéciale sera chargée en dehors des heures de travail de visiter les courroies à date fixe, avant que l'allongement n'amène leur chute ; cette équipe devra maintenir, en outre, leur tension dans la limite voulue.

Quatrième motif d'arrêt : le tour s'arrêtait, et parfois longtemps, pour des réparations.

Taylor crée une équipe spéciale, avec un chef responsable, chargée de devancer l'avarie cause de l'arrêt du tour. Cette équipe interrogera constamment les tourneurs, surveillera les tours et les maintiendra en état de plein rendement, en effectuant les réparations nécessaires en dehors des heures de travail.

Ainsi, cette première étude avait amené Taylor aux opérations suivantes :

1° Dresser une liste des temps perdus par le tour avec les motifs des arrêts;

2° Mesurer la durée de ces temps perdus pour en connaître l'importance;

3° Créer quatre services nouveaux pour éviter ces arrêts :

L'Approvisionnement;

L'Outillage;

L'Equipe de tension des courroies;

L'Equipe des réparations,

ayant chacun leur responsabilité vis-à-vis du tourneur et du contremaître des tours.

C'était une excellente division du travail, mais l'idée peut-être la plus nouvelle dans le travail de Taylor était celle de mesurer la durée des arrêts du tour.

Sans doute, cette idée s'est répandue depuis, dans une certaine mesure, dans toute l'industrie, mais il ne faut pas oublier que nous parlons de l'année 1878. Et d'ailleurs, combien d'ingénieurs encore jugent inutile de mesurer les temps d'arrêt des machines les plus coûteuses et croient que leur impression, sans chiffres à la base, leur suffira pour porter un jugement sain ! Pourquoi oublient-ils que la science n'existe que chiffrée?

Cette idée nouvelle : mesure des temps, nous allons voir avec quelle ténacité Taylor s'en est servi et le parti qu'il en a tiré dans la suite.

.

Taylor eut alors la satisfaction de voir tourner ses tours sans arrêt.

Maintenant, il s'agissait d'observer ce que faisaient ces tours et de juger s'ils étaient utilisés réellement pendant qu'ils tournaient.

Ce que vit Taylor, ce fut un désordre sans nom. La méthode employée pour faire les mêmes pièces différait absolument suivant les ouvriers. Ceux-ci, gens capables, tourneurs spécialisés, étaient soit des ouvriers nés en Amérique, soit des immigrés : Anglais, Ecossais ou Allemands. Pour tous l'apprentissage avait été différent et la plupart gardaient jalousement leurs habitudes et leurs traditions.

La façon de tremper les outils différait avec chaque ouvrier; la qualité de l'acier à outil était quelconque; la forme de l'outil variait de la façon la plus fantastique. Mais ce qui rendait le travail de Taylor singulièrement difficile, c'était que tous ces ouvriers tenaient à leurs méthodes de travail.

Premier contact avec la routine et l'amour-propre.

L'un disait : « J'ai toujours travaillé comme ça ; c'est comme ça qu'on m'a appris le métier, je ne changerai pas. »

L'autre disait : « Ce n'est pas à mon âge que je vais changer la façon dont j'ai travaillé toute ma vie. »

Un troisième disait : « Je suis un ouvrier épatant. Vous n'allez pas m'apprendre mon métier; je travaille comme ça me plaît et ça ne vous regarde pas. »

Remède : la mesure des temps.

Taylor se trouvait donc en face de la routine, de la paresse d'esprit et de l'amour-propre. Ce sont ces trois ennemis-là qui arrêtent toujours le progrès.

Que fit-il?

Il leur dit ceci :

« Quelle est la meilleure méthode pour faire une pièce ?

» Puisque nous sommes pressés, à qualité égale, c'est la plus rapide.

» Eh bien! je vais vous montrer une méthode ; nous allons mesurer le temps qu'elle prend. Si ma méthode va moins vite que la vôtre, je déclarerai que votre méthode est meilleure et nous l'adopterons.

» Mais, si ma méthode est plus rapide que la vôtre, il sera tout naturel que vous preniez la mienne. »

Taylor avait raison. Il gagna, et il devait gagner. Car, quel est l'ouvrier, digne de ce nom, qui osera soutenir, à qualité égale, qu'une méthode plus longue doit être préférée à une méthode plus courte ?

Voilà donc Taylor amené, par la force des choses, à étudier de plus près encore la mesure du temps et à perfectionner le chronométrage.

Cette mesure des temps (que certains discutent encore) est, pour tout homme qui l'a pratiquée, un procédé d'examen des questions industrielles aussi fécond et aussi indispensable pour l'ingénieur que peut l'être la balance pour le chimiste.

**

Un autre avantage de la prise des temps, c'est, en apportant des chiffres — et des chiffres scientifiques — de permettre d'éliminer d'une question les considérations d'amour-propre qui, si souvent, limitent et arrêtent les progrès dans la vie intérieure d'une usine.

**

Quel temps allait mesurer Taylor? Le temps global nécessaire pour passer de la pièce brute à la pièce finie? Il est fort possible, en effet, qu'au début il se contenta, à titre provisoire, de choisir parmi les procédés employés dans son atelier, celui qui donnait le meilleur temps global pour le travail complet.

Le chronométrage des temps partiels.

Mais il constata bien vite que ce travail complet se composait en réalité de plusieurs opérations successives ; par exemple :

Placer la pièce sur le tour,
La centrer,
La brider,
Mettre en marche le tour,
Dégrossir,
Finir,
Faire un chanfrein, une saignée, etc., etc.

Il prit le meilleur des temps pour chacune de ces opérations, totalisa ces temps partiels et obtint ainsi un temps global qui battait tous les autres. C'était un excellent procédé, c'était l'analyse appliquée aux problèmes industriels.

Union féconde du chronométrage et de l'analyse.

Cette décomposition en opérations successives, cette recherche des éléments qui constituent un travail, donne à un ingénieur qui l'applique avec ténacité des résultats tout à fait inattendus.

C'est que l'observation et la mesure des temps appliquées à l'élément mettent l'ingénieur en contact avec une foule de faits qui lui eussent échappé — d'abord, dans les gestes des ouvriers, dans la position des outils ou des pièces à travailler, — ensuite, dans la machine elle-même qui n'est pas toujours bien étudiée, — enfin, dans la matière première dont les variations souvent excessives viennent fausser trop fréquemment les rendements et le prix de revient.

Cet ouvrier produit plus que son voisin. Pourquoi ? Quel est le geste inutile qu'il économise ? Quel est le mouvement nécessaire qu'il fait plus court ? A-t-il une meilleure place pour ses outils ? Reçoit-il la matière à travailler en un point plus avantageux, plus approprié à la machine ?

Tel geste, telle opération se font dans des temps presque constants, par exemple de 10 à 12 centièmes de minute; telle autre opération qui paraissait aussi simple varie de 10 à 40 ou 50; telle autre encore variera de 10 à 300 et 400. Est-ce normal? Non.

Mais quelle est la cause de ces variations aussi inadmissibles? Quelle merveilleuse école pour un jeune ingénieur!

Combien de fois avons-nous vu un ingénieur, chargé de perfectionner un atelier, déclarer à première vue que dans telle partie de l'atelier il y avait peu de chose à faire; puis, après une analyse appuyée sur la prise des temps, réaliser à son propre étonnement des économies de 30 à 40 %.

En maniant le chronométrage et l'analyse, Taylor venait de faire encore, dans la production de ses tours, un gros progrès qui donnait aussi toute satisfaction à ses patrons, mais il était d'un esprit trop scientifique pour s'arrêter là, car le vrai problème n'était pas de choisir la meilleure parmi les méthodes *employées dans son atelier* par les différents tourneurs. Le vrai problème était de trouver la méthode permettant de *produire une pièce donnée, dans le temps le plus court possible.*

Là encore, il appliqua l'analyse. Il décomposa le travail total en une série d'opérations, étudia pour chacune d'elles le temps le meilleur.

Le chronométrage du copeau.

Laissons les opérations accessoires, comme la mise en place de la pièce sur le tour, et cherchons avec Taylor quelle est la nature de l'opération principale, quel est le vrai travail du tour.

Un tour reçoit une pièce brute et doit la livrer finie en enlevant tout le métal compris entre la forme de la pièce brute et la forme de la pièce finie. Ce métal s'enlève en faisant des copeaux, par conséquent, l'art du tour c'est l'art du copeau.

Un copeau a une largeur, il a une épaisseur, il se détache avec une vitesse donnée. Taylor eut alors à chercher quels sont les éléments, quels sont les facteurs, quelles sont les conditions qui permettent d'obtenir le plus grand poids de copeaux dans un temps donné.

(Et voilà de nouveau la prise des temps, le chronométrage qui entre en jeu.)

Taylor fit la liste de tous ces facteurs et les étudia un à
un, car, à ce moment, fort des résultats financiers et des
économies déjà réalisées, il obtint de ses patrons un budget
important pour chercher la meilleure méthode de travail
des tours. Nous ne le suivrons pas dans cette longue étude.
Disons seulement qu'au cours de ses recherches, en étudiant
l'un des facteurs, à savoir : la qualité de l'acier constituant
l'outil, il inventa l'« *acier rapide* ».

Cette invention, qui révolutionna l'industrie des tours,
fut présentée à l'Exposition Universelle de 1900 à Paris.
Les vieux ingénieurs se souviennent encore de la stupéfac-
tion profonde des spectateurs, voyant un outil de coupe
travailler au rouge et d'énormes copeaux se tortiller et
tomber brûlants sur le sol avec une vitesse et une grosseur
jamais vues.

L'acier rapide fit la fortune de Taylor.

Alors, Taylor fit une chose qui, en Amérique, à cette
époque, était aussi étonnante que l'invention de l'acier
rapide, il considéra sa fortune et la jugea suffisante. Il se
retira des affaires et se dévoua tout entier à l'œuvre de
faire connaître sa méthode dans laquelle il voyait un progrès pour les patrons, pour les ouvriers et, pour tout dire,
un progrès pour l'humanité.

Voilà ce qu'est Frédéric W. TAYLOR.

Voici un autre exemple de sa méthode qui nous fera
comprendre certains points que nous avons laissés jusqu'ici
dans l'ombre.

**La science
du pelletage.**

Taylor, entre temps, avait été promu à un poste supé-
rieur. L'usine recevait du minerai de fer, de la chaux, du
charbon. Tout cela devait être pelleté, et Taylor étudia
ce qu'il a appelé *la science du pelletage*.

« La science du pelletage, dira le lecteur, laissez-moi
rire ! A qui fera-t-on croire que, depuis que le monde est
monde, on ne sait pas pelleter? Peut-on donner le nom de
science à ce métier grossier et sans intérêt ? »

Voire ! Essayez de l'analyser, et voyez combien d'éléments variables on y trouve.

**Un élément :
la surface
du fer de pelle.**

Prenons-en un : la pelle elle-même, et poussons plus loin
l'analyse; prenons le fer de la pelle et, dans celui-ci, un
élément plus simple encore : *la surface du fer*, sans nous
inquiéter de sa forme.

Cette surface, qui en a fixé les dimensions? N'est-ce pas le hasard ? Eh bien ! la méthode Taylor, c'est la lutte contre le hasard et son remplacement par l'observation et le raisonnement appuyés sur des expériences. N'est-ce pas là une belle justification philosophique de cette méthode?

Taylor remarque que le même fer de pelle servait, sur le chantier, à pelleter le minerai de fer, la houille, la chaux ; il constate que ce fer, chargé de minerai, en porte 38 livres; chargé de chaux, il en porte 3 livres et demie. Taylor se demande quel est le poids le meilleur à mettre sur un fer de pelle, pour chacune de ces matières. Il trouve, par une série d'expériences, que le poids varie peu et que, par conséquent, c'est le volume à prendre sur la pelle qui varie énormément. Conclusion pratique de son étude : il adopte cinq types de fers de pelle.

Un autre élément : charger la pelle.

Prenons un autre problème partiel du pelletage : *comment enfoncer la pelle dans la matière?* Taylor constate d'énormes différences dans la façon dont les hommes s'y prennent et des différences non moins grandes dans le rendement.

Il se met donc à l'étude de la méthode pour charger la pelle. Sa conclusion est celle-ci : on doit charger la pelle, non pas en poussant avec les bras mais, après avoir appuyé le manche de la pelle sur la cuisse gauche, en poussant dans la direction du manche, par une inclinaison du corps et un effort des jambes.

Il arrive donc à ce résultat étonnant : on charge une pelle avec les jambes.

La prime.

Taylor, en étudiant ainsi chaque élément de la science de pelleter (je pense que vous ne rirez plus de l'accouplement de ces deux mots), établit la méthode complète du pelletage pour son chantier.

Il se tourne alors vers un ouvrier choisi parmi les meilleurs, et lui dit : « Voilà, vous gagnez 5 francs ; je vous en donne 8, si vous pelletez telle quantité par jour. M. X..., qui a fait tous les essais, vous montrera comment il faut faire ; il faudra employer les pelles qu'il vous donnera, faire ce qu'il vous dira, et vous reposer quand il vous le dira. »

L'étude du repos.

Notez ce point tout nouveau : régler les repos. Chose très curieuse : Taylor avait constaté que les ouvriers se reposaient toujours trop tard, c'est-à-dire quand la fatigue était venue et il découvrit, le premier peut-être, qu'il faut suspendre son travail avant que la fatigue ne survienne.

Et voilà un homme qui gagne ses 8 francs par jour, au lieu de 5, en produisant 4 fois plus, sans fatigue supplémentaire.

Il en prend ensuite un autre qu'il éduque puis, toujours *individuellement*, les différents hommes du chantier.

L'orientation professionnelle créée en 1889.

Au cours du dressage, l'ingénieur constate deux choses :

Premièrement, il y a des hommes auxquels ce métier-là ne convient pas du tout; il en conclut qu'il faut les retirer d'une profession prise seulement par hasard et leur donner un autre travail. Et voilà l'Orientation Professionnelle, dont on parle tant aujourd'hui, trouvée par Taylor en 1889.

L'ouvrier renseigné sur les résultats de son effort.

Deuxièmement, pour travailler avec cœur, les hommes doivent savoir, le matin en arrivant, s'ils ont gagné la prime la veille.

Taylor décide donc que les comptables travailleront le soir et que les ouvriers sauront en arrivant, le lendemain matin, le chiffre de leur prime de la veille.

Nous voici donc amenés aux trois résultats fondamentaux qui constituent la base de la Méthode de Taylor :

Progrès dans les méthodes de travail
Progrès dans l'outillage
Progrès dans la connaissance de l'ouvrier.

****

Qu'en dit l'ouvrier?

« Mais que pense l'ouvrier de tout cela? Accepte-t-il la solution? La comprend-il? Renonce-t-il à la bataille? »

Entrons un peu dans le détail et voyons comment Taylor traite la question avec lui.

Taylor appelle un ouvrier et lui dit :

« Pierre, vous gagnez 4 francs de l'heure; je veux vous faire gagner autour de 6 francs ou 6 fr. 50. Vous connaissez Paul ; c'est un très bon ouvrier, ce n'est cependant pas un de ces « as » qui travaillent d'une façon étourdissante et que personne ne peut imiter. J'ai étudié avec lui la fabrication de cette pièce-là, il peut mettre 8 heures pour la faire, seulement je vous préviens que, pour faire la pièce en 8 heures, il ne faut pas de flânerie, il ne faut pas d'erreurs ni de fausses manœuvres.

« Voici la feuille d'instructions qui vous indique la série des opérations à faire et le temps nécessaire pour chacune d'elles. Votre travail est ainsi bien précis.

» Voyons maintenant la paie : Paul a mis 8 heures à faire la pièce; si vous en mettez 16, c'est-à-dire le double, je vous verserai votre paie actuelle. Si vous mettez moins de 16 heures, je vous paierai le temps passé sur cette pièce à votre prix de l'heure et j'ajouterai 2 fr. 50 par heure gagnée sur les 16 heures.

Voici ce que vous toucherez :

Si vous mettez	Vous toucherez			Vous aurez donc à l'heure
16 h.	16 h.	à 4 f.=64 f.	total 64 f.	4 f.
14 h.	14 h.	à 4 f.=56 f.+2 h.	à 2 f 50 » 61 f.	4 f. 35
12 h.	12 h.	à 4 f.=48 f.+4 h.	à 2 f.50 » 58 f.	4 f. 85
10 h.	10 h.	à 4 f.=40 f.+6 h.	à 2 f.50 » 55 f.	5 f. 50
8 h.	8 h.	à 4 f.=32 f.+8 h.	à 2 f.50 » 52 f.	6 f. 50
7 h. 1/2	7 h. 1/2	à 4 f.=30 f.+8 h. 1/2	à 2 f.50 » 51 f. 25	6 f. 83

et qr.and cette pièce-là sera finie, il y en a d'autres qui vous attendent calculées de la même façon, de sorte que rien ne vous empêchera de conserver cette paie toute la quinzaine. »

Que voulez-vous que fasse un ouvrier à qui l'on tient ce discours? Mettez-vous à sa place. Il n'a réellement aucun motif pour ne pas accepter.

Pourtant il peut lui rester un doute :

« Cet argent supplémentaire, se dira-t-il, cette augmentation de 25 ou 50 % que le patron va me donner, c'est tout de même de sa poche qu'il les tire. Alors, un de ces quatre matins, il regrettera de les tirer et il ne me les donnera plus. »

L'objection est importante. La réponse ne l'est pas moins.

Non, ce n'est pas de sa poche que le patron les tire, il les récupère, et au delà, sur les temps perdus et les gaspillages qu'il a supprimés.

Lisez et relisez le tableau ci-dessous. Vous y verrez que plus l'ouvrier gagne à l'heure, moins la pièce coûte au patron, en main-d'œuvre.

Pièce faite en :	L'ouvrier gagne à l'heure :	La pièce coûte au patron :
16 heures...........................	4 francs	64 francs
14 heures...........................	4 fr. 35	61 —
12 heures...........................	4 fr. 85	58 —
10 heures...........................	5 fr. 50	55 —
8 heures...........................	6 fr 50	52 —
7 h. 1/2...........................	6 fr. 83	51 fr. 25

Ainsi, nous le répétons parce qu'on ne saurait trop le redire, plus la paie de l'ouvrier est belle, plus grand est le gain du patron.

Patron et ouvrier sont devenus solidaires; ils marchent dans le même sens; leurs intérêts ne sont plus opposés.

Et c'est là le vrai résultat de la méthode Taylor.

C'est pour cela qu'elle a, devant elle, un avenir énorme.

R. C. Seine n° 147.754
R. C. Clermont-Ferrand n° 2.213

Made in France
Imprimerie Française de l'Edition, 12, rue de l'Abbé-de-l'Epée, Paris (V°).

1-10.669-3-27

* 9 7 8 2 3 2 9 1 7 7 5 1 9 *